AF313758

BIBLIOTHÈQUE DU CHATEAU D'HÉRY

PREMIÈRE PARTIE

CATALOGUE

D'UNE

COLLECTION DE LIVRES PRÉCIEUX

RELIÉS EN MAROQUIN

PROVENANT EN PARTIE

DE LA

BIBLIOTHÈQUE DU DUC DE LA VALLIÈRE

ET D'AUTRES COLLECTIONS CÉLÈBRES DU XVIIIe SIÈCLE

DESSINS ET GRAVURES

DONT LA VENTE SE FERA

Le mercredi 21 et jeudi 22 janvier 1874 à 2 heures très-précises de l'après-midi

Hôtel des commissaires-priseurs, rue Drouot

SALLE N° 4

Par le ministère de Me DELBERGUE-CORMONT, commissaire-priseur
Rue de Provence, 8

PARIS

LIBRAIRIE TROSS

5, RUE NEUVE-DES-PETITS-CHAMPS, 5

1874

PUBLICATIONS DE LA LIBRAIRIE TROSS

A PARIS

Bernard. Geofroy Tory, peintre graveur, premier imprimeur royal, réformateur de l'orthographe et de l'imprimerie, sous François Ier, par Auguste Bernard. Deuxième édition. *Paris,* 1865. Gr. in-8, grand papier de Hollande, br.   24 fr.

> Cette nouvelle édition, *qui forme, pour ainsi dire, un nouvel ouvrage,* contient le double de texte de la première. Elle est ornée de nombreuses gravures en bois.

Meraugis de Portlesguez. Roman de la Table ronde, par Raoul de Houdenc, publié par H. Michelant d'après les manuscrits de Vienne et de Turin; avec illustrations représentant les miniatures du manuscrit de Vienne. *Paris,* 1869. Un fort vol. gr. in-8, avec 19 gravures en bois, chaque page entourée d'un filet rouge, br.

> Prix sur papier de Hollande. . . . . 25 fr.
> »   papier vélin Whatman (format jésus) . 40 »
> »   Peau de vélin . . . . 550 »

> Fort beau volume, imprimé par Jouaust. Les gravures ont été exécutées par M. Léon de Maire avec une rare perfection.

La Clef d'amour. Poëme publié d'après un manuscrit du quatorzième siècle, par Edwin Tross, avec une introduction par M. H. Michelant. *Paris,* 1866. In-8, fac-simile, br.

> Prix sur papier vergé. . . . . 12 fr.
> »   papier Whatman . . . . 20 »

> Charmant volume sorti des presses de M. Louis Perrin de Lyon.

Œuvres de Lovize Labé. Nouvelle édition publiée par Edwin Tross, et imprimée en caractères dits de civilité (*par MM. Jean Enschedé et fils, à Harlem*). *Paris,* 1871. In-8, br.

> Prix sur papier vergé . . . . 15 fr.
> »   papier vélin Whatman . . . . 20 »
> »   Peau de vélin. . . . . 240 »

> Magnifique volume tiré à 150 exemplaires. Les caractères qui ont servi à l'impression de ce chef-d'œuvre, ont été gravés vers 1545 par Amet Tavernier de Bailleul.

Paris. — Imprimerie de Georges Chamerot, rue des Saints-Pères, 19.

CATALOGUE

DE

LIVRES RARES ET PRÉCIEUX

RELIÉS EN MAROQUIN

ORDRE DES VACATIONS.

Le 21 janvier.	*Le 22 janvier.*
49 — 83	161 — 187
1 — 48	106 — 160
188 — 217	84 — 105

Exposition particulière le mardi 20 janvier, de 2 heures à 4 heures.
Le Catalogue servira de carte d'entrée.

Exposition publique les jours de vente, de 1 heure à 2 heures.

Paris. — Imprimerie Georges Chamerot. rue des Saints-Pères. 19.

CATALOGUE

D'UNE

COLLECTION DE LIVRES PRÉCIEUX

RELIÉS EN MAROQUIN

PROVENANT EN PARTIE

DE LA

BIBLIOTHÈQUE DU DUC DE LA VALLIÈRE

ET D'AUTRES COLLECTIONS CÉLÈBRES DU XVIIIᵉ SIÈCLE

DESSINS ET GRAVURES

DONT LA VENTE SE FERA

Le mercredi 21 et jeudi 22 janvier 1874 à 2 heures très-précises de l'après-midi

Hôtel des commissaires-priseurs, rue Drouot

SALLE Nᵒ 4

Par le ministère de Mᵉ DELBERGUE-CORMONT, commissaire-priseur
Rue de Provence, 8

PARIS

LIBRAIRIE TROSS

5, RUE NEUVE-DES-PETITS-CHAMPS, 5

1874

CONDITIONS DE LA VENTE.

Les livres devront être collationnés sur place, dans les vingt-quatre heures de l'adjudication. Passé ce délai, ou une fois sortis de la salle de vente, ils ne seront repris pour aucune cause.

Les acquéreurs payeront 5 % en sus des enchères, applicables aux frais.

CATALOGUE

DE LA

BIBLIOTHÈQUE DU CHATEAU D'HÉRY

PREMIÈRE PARTIE

I. THÉOLOGIE.

1. D. Aurelii Augustini libri XIII confessionum, opera et studio R. P. H. Sommalii. *Lugduni, apud Danielem Elzevirium*, 1675, pet. in-12, maroq. n. tr. dor. (*Anc. rel.*)

2. Officium beate Virginis Marie, secundum consuetudinem Romane curie, cum calendario. Pet. in-8, goth. mar. r. fil. tr. dor. (*Belle reliure ancienne.*)

Très-beau manuscrit sur vélin, du quinzième siècle, décoré de quelques miniatures et ornements peints (école florentine).
Ce charmant volume provient de la vente la Vallière (n° 322).

3. Preces piæ, cum calendario. In-16, goth. v f. à comp. tr. dor.

Manuscrit sur vélin du quinzième siècle, enrichi de 21 miniatures occupant les deux tiers de la page et beaucoup d'arabesques en or et couleur.

4. Horæ, cum calendario. In-16, mar. r. fil. tr. dor. (*Anc. rel.*)

Manuscrit du quinzième siècle, sur vélin, avec quelques petites miniatures et bordures. Sur le dos de la reliure on lit : Heures de Louis XI.

5. Heures de Nostre-Dame à l'usaige de Romme, en latin et francoys. Nouuellement imprimées à Paris, 1551. (A la fin :) *Imprimées à Paris par Iehan Amazeur pour Guillaume Merlin, 1551, in-16,*

impr. en rouge et noir, grav. en bois dans le genre de Geofroy Tory, bas. tr. dor.

Bel exemplaire. Bernard, *Geofroy Tory*, pages 354, 355.

6. Sermones quadragesimales R. P. Michaelis Menoti. *Parisiis, veneunt in ædibus H. Petit*, 1530, pet. in-8, goth. à 2 col. mar. r. fil. tr. dor. (*Belle reliure ancienne.*)

Exemplaire la Vallière, n° 714.

7. Les Sermons doctes et eloquens de Corn. Musso, preschez à Rome devant Sa Sainteté, mis en françois par G. C. *Paris, Fouet*, 1614, 2 vol. pet. in-8, mar. vert, fil. tr. dor. (*Anc. rel.*)

Traduction de Gabr. Chappuys.

8. Sermons du P. Bourdaloue : Avent, 1 vol. — Carême, 3 vol. — Mystères, 2 vol. — Fêtes, 2 vol. — Dimanches, 3 vol. — Exhortations, 2 vol.—Retraite spirituelle, 1 vol. *Paris, Rigaud*, 1707-21. — Pensées. *Paris, Cailleau*, 1734, 2 vol. En tout 16 vol. in-8, v. f. (*Anc. rel. uniforme.*)

Collection complète.

9. Analyse de l'Évangile selon l'ordre historique de la concorde, avec des dissertations sur les lieux difficiles, par le R. P. P***, prêtre de l'Oratoire. 4 vol. — Analyse des Actes des Apôtres, 2 vol. — Analyse des Épîtres, 2 vol. — Analyse de l'Apocalypse. *Paris*, 1694-1717; 9 vol. in-8, mar. r. fil. tr. dor. (*Anc. rel.*)

10. L'Imitation de Jésus-Christ, traduite en vers françois par P. Corneille. *Imprimé à Rouen et se vend à Paris, chez Charles de Sercy*, 1653. —Imitation, etc. Dernière partie. *Imprimée à Rouen par L. Maurry pour Rob. Ballard, à Paris*, 1656. — 2 vol. in-12, nombreuses gravures, mar. n. fil. tr. dor. (*Anc. rel.*)

11. Relation sur le Quiétisme, par Messire Jacques-Bénigne Bossuet, évesque de Meaux. *Paris, Jean*

Anisson, 1698, in-8, mar. r. tr. dor. (*Anc. rel.*)

Édition originale.

12. Traité des danses, auquel est amplement résolu la question, à sçavoir s'il est permis aux chrestiens de danser. *Genève, par François Estienne*, 1579, pet. in-8, mar. r. (*Anc. rel.*)

Exemplaire mouillé.

13. Traité des danses, auquel est amplement résolue la question, à sçavoir s'il est permis aux chrestiens de danser (attribué à Lambert Daneau). *Genève*, 1582, pet. in-8, v. jas. fil.

La dédicace au Roy de Navarre est signée : *N. N. Ministres du Sainct Evangile és Eglises Françoises reformees*. Bel exemplaire la Vallière, n° 609.

14. Le Fouet des paillards, ou juste punition des voluptueux et charnels, conforme aux arrêts divins et humains, par M. L. P. (Mathurin le Picard), curé du Mesnil-Jourdain. *Rouen, Veroul*, 1623, in-12, v. f. fil. (*Anc. rel.*)

15. De l'Abus des nudités de gorge. *Suivant la copie imprimée à Bruxelles. Paris, J. de Laige de Bresche*, 1677, pet. in-12, v. f.

Bel exemplaire de cet ouvrage singulier, qui a été réimprimé à Gand en 1857.

16. Les Provinciales, ou lettres escrittes par L. de Montalte à un provincial de ses amis ...., trad. en latin par G. Wendrock, en espagnol par Gratien Cordero et en italien par Cosimo Brunetti. *Cologne, B. Winfelt*, 1684, in-8, mar. marbr. plats ornés. (*Anc. rel.*)

17. Alcoran des Cordeliers, tant en latin qu'en françois. *Amsterdam, aux dépens de la Compagnie*, 1734, 2 vol. in-12, fig. de B. Picart, mar. r. fil. (*Anc. rel.*)

II. JURISPRUDENCE.

18. Corpus juris civilis. *Amstelædami, J. Blaeu, Ludov. et Dan. Elsevirii*, 1664, 2 vol. in-8, mar. r. dent. tr. dor. (*Anc. rel.*)

19. Statuta ordinis cartusiensis a domino Guigone, priore Cartusiæ, edita. Privilegia ordinis cartusiensis. *Basileæ, ex officina nostra litteraria*, 1510, 5 part. 1 vol. in-fol. goth. fig. en bois d'Urse Graf, mar. vert, fil. tr. dor. (*Anc. rel.*)

Bel exemplaire, avec l'*ex-libris* de Girardot de Préfond et de Gaignat. Vendu 105 fr. chez ce dernier.

20. Constitutiones Societatis Jesu. *Romæ, apud Vict. Helianum*, 1570, pet. in-8, mar. vert, fil. tr. dor.

Exemplaire la Vallière, n° 1124.

21. La Constitution française décrétée par l'Assemblée nationale. *Paris, Didot*, 1791, in-32, mar. r. fil. tr. dor. (*Anc. rel.*)

22. Advertissement aux favorits des princes et doctrine des courtisans, fait françois de l'espagnol d'Ant. de Guevare, par Jean d'Angoys de Theroüane. *Paris, Millot*, 1588, in-16, mar. r. tr. dor. (*Anc. rel.*)

23. L'Homme de cour, traduit de l'espagnol de Baltasar Gracian par le sieur Amelot de la Houssaye. *Paris*, 1684, in-12, front. gr. mar. r. fil. tr. dor. (*Anc. rel.*)

Exemplaire de Guyon de Sardière et la Vallière, n° 1372.

24. Le Corps politique, ou les Éléments de la loy morale et civile, par Thomas Hobbes, traduit d'anglois en françois par un de ses amis (Sam. Sorbière). *S. l.*, 1652, pet. in-12, mar. r. fil. tr. dor.

Exemplaire avec la planche.

25. Recherches sur la nature et les causes de la richesse des nations, trad. de l'anglois d'Adam Smith par J.-A. Roucher. *Paris, Buisson, an III,* 5 vol. in-8, mar. citron, doublé de tabis, fil. tr. dor. (*Bradel.*)

Belle et fraîche reliure.

26. Le Pornographe, ou Idées d'un honnête homme sur un projet de règlement des prostituées (par Rétif de la Bretonne). *Londres et la Haye,* 1770, in-8, v. f. fil. dos orné tr. dor. (*Belle reliure ancienne.*)

III. SCIENCES PHILOSOPHIQUES.

27. Collection des moralistes anciens. *Paris, Didot,* 1782 et suiv. 14 vol. in-18, dont 12 en v. jasp. tr. dor. et 2 mar. r. fil. tr. dor. (*Anc. rel.*)

Manuel d'Épictète, Pensées morales d'auteurs chinois, Sénèque, Isocrate, Cicéron, Phocion, Théophraste, Théognis, Morale de Jésus-Christ.

28. Traités de Cicéron sur l'amitié et la vieillesse (dédiés à Mme Denis, par M. le marquis de Villette). *S. l. (Paris),* 1780, in-12, mar. vert. tr. dor. (*Anc. rel.*)

Tiré à 30 exemplaires.

29. Boethii de consolatione philosophiæ libri quin que, recens. Joh. Eremita. *Parisiis, Lamy,* 1783, in-12, pap. fin, mar. r. fil. tr. dor. (*Derome.*)

30. Henrici Cornelii Agrippæ ab Nettesheym de in certitudine et vanitate scientiarum declamatio invectiva. *S. l.,* 1539, pet. in-8, caract. r. fil. tr. dor. (*Belle reliure ancienne.*)

Exemplaire la Vallière, n° 1539.

31. De la Sagesse, trois livres, par Pierre Charron. *Leide, chez Jean Elzévier, s. d.,* pet. in-12, front. gr. mar. r. fil. tr. dor. (*Belle reliure ancienne.*)

32. La Fable des abeilles, ou les Fripons devenus honnêtes gens, avec le commentaire, trad. de

l'anglais (de B. Mandeville, par J. Bertrand). *Londres*, 1740, 4 vol. pet. in-8, v. f. fil. (*Belle reliure ancienne.*)

La meilleure édition.

IV. HISTOIRE NATURELLE, ETC.

33. C. Plinii Secundi historiæ naturalis libri XXXVII (ed. Joa. de Laet.). *Lugduni Batavorum, ex officina Elzeviriana*, 1635, 3 vol. pet. in-12, mar. r. fil. tr. dor. (*Belle reliure ancienne.*)

Très-bel exemplaire.

34. Histoire naturelle des oiseaux, par Buffon, Guéneau de Montbelliard et l'abbé Bexon. *Paris, Impr. royale*, 1770-86, 10 vol. gr. in-4, fig. col. v. éc. fil. tr. dor.

Très-bel exemplaire.

35. Illustrations of natural history, wherein are exibited upwards of two hundred ant twenty figures of exotic insects, by D. Drury. (Texte en anglais et français.) *London*, 1779-82, 3 vol. in-4, fig. col. mar. vert, fil. tr. dor. (*Anc. rel.*)

36. Traitté de l'aimau, par M. D. Dalencé. *Amsterdam, Wetstein*, 1687, in-12, fig. mar. vert.

Exemplaire la Vallière, n° 1495.

37. Les OEuvres d'Hippocrate, traduites en françois, avec des remarques, et conférées sur les manuscrits de la Bibliothèque du Roi. *Paris, compagnie des libraires*, 1697, 2 vol. pet. in-8, mar. r. fil. tr. dor. (*Belle reliure ancienne.*)

38. Mirabilis liber qui prophetias revelationesque necnon res mirandas præteritas et futuras aperte demonstrat. *Imprimé à Paris, E. de Marnef*, 1523, in-4, goth. à 2 col. demi-rel.

La seconde partie, ff. 69 et suiv., est en français.

V. DESSINS, GRAVURES.

39. Jeune Fille effleurant une rose. Beau dessin au crayon noir et en couleurs, signé F. Boucher; hauteur 22 cent., largeur 19 cent.

40. Cadres ornementés, deux dessins à la mine de plomb, signés Boucher; hauteur 20 1/2 cent., largeur 14 1/2 cent.
   Charmants dessins dans le genre d'Eisen.

41. Pêcheur chinois. Dessin au crayon noir et à la sanguine, signé F. Boucher; hauteur 27 cent., largeur 19 cent.

42. Groupes d'Amours. Deux dessins à la sanguine, signés F. Boucher; hauteur 39 cent., largeur 28 cent. (*Contre-épreuve.*)

43. Groupes d'Amours. Deux beaux dessins à la sanguine, genre Boucher; hauteur 25, largeur 39 cent.

44. L'Autel de l'Amitié. — Le Buste couronné. Deux dessins à la sanguine, genre Boucher; hauteur 36, largeur 24 cent.

45. Têtes d'Ange. Deux beaux dessin s en couleur, époque Louis XV, gr. in-fol.

46. C. Natoire. Dessin à la sanguine : Femme nue et tête de femme, in-fol. obl.

47. La Fête des vignerons. — L'Incendie du village. Deux dessins à l'encre de Chine, in-fol. obl.
   Ces beaux dessins paraissent être faits pour décoration de théâtre.

48. Lot d'environ 50 dessins de l'École française, du temps de Louis XV et Louis XVI, portraits genre Oudry, etc. Différents formats.
   Ce lot pourrait être divisé.

49. Tableaux du cabinet du roy. In-fol. maximo, v. mar. br.
   36 pièces grav. par Edelinck et autres, très-belles épreuves anciennes.

50. Suyderhoef, d'après Terburgh. **La Paix de Muns-**
ter. Gr. in-fol. obl.

51. Gravures de toutes les écoles, xvii° et xviii° siè-
cles, environ 90 planches de tout format.

52. Beau lot de gravures de l'école française du
xviii° siècle; 22 pièces de différents formats.

53. Flipart d'après Longhi. La Musique, la
Danse, etc. 4 planches, gr. in-fol.

54. Louterbourg (d'après). La Surprise. — L'A-
gneau chéri. Grav. par Leveau. (La première
planche avant les armes, la seconde avec les armes grattées.)

55. Le Bas, d'après van Falens. Le Rendez-vous de
chasse. — Le Chasseur fortuné, 1745. — Le Dé-
part de chasse, 1742. — Prise du Héron, 1745.
— 4 pièces gr. in-fol.

56. Casanova (d'après). L'Escorte d'équipage, par
Moyron, 1762. — Préparatifs de la pêche, par
N. du Four. — Petite Chasse aux canards, par le
même. — 3 pièces gr. in-fol. obl.

57. Lancret (d'après). Le Troc de la coiffure et le
pardessus. In-fol.

58. Wouvermans (d'après). Course de la bague, par
Moyreau. — Halte espagnole et garde avancée de
hulans, par Alliamet. — Les Sangliers forcés; la
Chasse à l'italienne; le Pot au lait; Attaque de
troupes légères; Halte d'officiers; Halte de cava-
lerie, par Ph. Le Bas. — Planches avant toute
lettre, grav. par Moyreau. Ensemble 10 pièces gr.
in-fol.

59. Dietrici (par). Le Gagne-petit; le Marchand de
mort-aux-rats, 2 pièces (avant les numéros). —
(D'après). Vue de Bechin en Bohême, par Masque-
lier, avant la lettre. — Le Matin, par Guttem-
berg; et l'Après-midi, par Baudet (les deux pen-
dants). — Les Bergères, par Zingg. — L'Approche

du camp et les Soldats au repos, par C. Levasseur. — 5 pièces gr. in-fol. et in-4.

60. J. Vernet (d'après). Marines, paysages, vues, grav. par Le Veau, Cathelin, Flipart, Bertaud, Martini, Daudet, Balechou et Alliamet. 18 estampes, dont plusieurs avant toute lettre.

61. Dame et enfant, grav. d'après Schenau (par Wille fils?). Gr. in-fol. Epreuves avant toute lettre.

62. Lempereur (L.-S). Le Jardin d'amour, d'après Rubens. — Le Festin espagnol, d'après Palamèdes. — 2 planches gr. in-fol.
Magnifiques épreuves avant toute lettre.

63. Duclos, d'après Saint-Aubin. Le Bal paré. — Le Concert. — 2 planches gr. in-fol. obl.
Magnifiques épreuves à toutes marges.

64. Tableau historique des forfaits commis par Antoine-François Desrues, exécuté le 6 mai 1777. Grande gravure sur 2 feuilles à 24 compartiments. Hauteur, 86; largeur, 58 centim.

65. Planches d'ornementation, xviii° siècle, 25 pièces de différents formats.

66. Portraits divers, xviii° siècle, 18 pièces de différents formats.

67. Collection de caricatures françaises, noires et color., du temps de la Révolution et de l'Empire, 11 pièces.
Les Incroyables. — Les Croyables au Perron. — C'est incroyable. — Etrennes essentielles. — François II. partant pour la guerre, etc.

68. Caricatures anglaises, coloriées, en général politiques, 12 pièces de différents formats.
Grande Fédération française, 1790. — La France se purge. — Oh! le pauvre misérable Artois! 1792. — Armant pour la défense des princes françois, ou séparation d'Hector et Andromaque. — Battle between Benjamin Brian and Thomas Johnson, 1791, J. Cruikshanks del., avec texte en caractères mobiles, etc., etc.

69. Recueil d'antiquités égyptiennes, étrusques, grecques et romaines, par le comte de Caylus.

Paris, 1752-67, 7 vol. in-4, fig. veau f. fil. tr.
dor. (*Anc. rel.*)

Très-bel exemplaire.

70. Explication historique et critique des médailles
de l'œuvre du chevalier Hedlinger, par Chr. de
Mechel. *Basle, chez l'autheur*, 1776-78. Gr. in-4,
42 planches, veau marbr. fil. tr. dor.

VI. POÈTES GRECS ET LATINS.

71. Homeri Ilias et Odyssea, et in easdem scholia
Didymi, cum latina versione accuratissima, accu-
rante Corn. Schrevelio. *Lugd. Batavor., F. Hac-
kius (ex officin Elzeviriana,* 1656, 2 tomes en
1 vol. in-4, mar. r. (*Anc. rel.*)

72. Quincti Horatii Flacci Opera omnia. *Sedani, typis novissimis Joannis Jannoni,* 1627, in-32, mar.
vert, fil. tr. dor. (*Anc. rel.*)

73. Q. Horatius Flaccus, acc. J. Rutgerii lectiones
Venusinæ. *Trajecti Batav.,* 1699, petit in-12,
mar. r. tr. dor. (*Anc. rel.*)

Jolie édition, publiée par P. Burmann.

74. Quinti Horatii Flacci Opera. *Londini, æneis ta-
bulis incidit Joh. Pine,* 1733-37, 2 vol. in-8,
mar. r. large dent. tr. dor. (*Anc. rel. anglaise.*)

Exemplaire du premier tirage.

75. Quintus Horatius Flaccus. *Birminghamiæ, Bas-
kerville,* 1762, in-12, mar. r. fil. tr. dor.

Bel exemplaire de la Vallière, n° 2476.

76. Les Géorgiques de Virgile, traduites en vers
français, avec les notes et variantes, accompagnées
du texte latin, par l'abbé Delille. *De l'imprimerie de la Société littéraire et typographique (à
Kehl),* 1784, gr. in-8, pap. vél. mar. r. fil. dos
orné, tr. dor. (*Anc. rel.*)

77. Operum P. Ovidii Nasonis editio nova. Nic. Heinsius, Dan. fil., recensuit ac notas addidit. *Amstelodami, ex officina Elzeviriana*, 1659-61, 3 vol. pet. in-12, veau jasp.

78. Les Métamorphoses d'Ovide, en latin, traduites en françois, avec des remarques et des explications historiques, par l'abbé Banier. *Amsterdam, Wetstein et Smith*, 1722, 2 tomes en 1 vol. gr. in-fol. fig. de M. Picart, veau marbr. fil. tr. dor.

Bel exemplaire. Les trois grandes planches s'y trouvent.

79. Le Premier Livre de la Métamorphose d'Ovide, translaté du latin en françois par Clément Marot. *On les vend à Lyon, chez Gryphius, s. d.*, pet. in-8 goth. 26 ff. mar. citr. fil. tr. dor. (*Anc. rel.*)

Bel exemplaire la Vallière, n° 2497.

80. Le Metamorfosi di Ovidio, ridotte da Giov. Andr. dell' Anguillara in ottava rima. *Venetia, Francesco di Franceschi*, 1569, in-4, fig. sur bois, mar. olive à recouvrement, riches comp. en or, tr. dor. gaufr.

Curieuse reliure vénitienne de l'époque.

81. Lucrèce, traduction nouvelle, avec des notes, par M. L. G. (La Grange). *Paris, Bleuet*, 1768, 2 vol. in-12, figures de Gravelot, veau éc. fil. tr. dor. (*Anc. rel.*)

82. Silius Italicus de secundo bello Punico. *Amsterdami, Guil. Janssonius*, 1620, in-32, réglé, mar. r. fil. tr. dor. (*Charmante rel. anc.*)

83. Petronii Satyricon : acc. diversorum poetarum lusus in Priapum, etc., omnia commentariis et notis doctorum virorum illustrata, concinnante Mich. Hadrianide. *Amstelodami, J. Blaeu*, 1669. — Integrum Petronii fragmentum, ex antiq. codice traguriensi Romæ exscriptum (a J. Lucio) cum apologia Marini Statilii (A. Gradii). *Amste-*

lodami, 1671, 1 vol. in-8, frontisp. gr. par R. de Hooghe, mar. bleu, fil. tr. dor. (*Anc. rel.*)

VII. POÈTES FRANÇAIS.

84. Cy commance le romans de l'umain voiaige de vie humaine qui est exposé sus le Romans de la Rose (composé par Guillaume de Guilleville, religieux de l'abbaye de Chalis, près Senlis). Grand in-fol. goth. à 2 col. rel. en bois, recouv. de velours rouge. (*Première rel.*)

Magnifique manuscrit sur vélin, du milieu dn quinzième siècle, composé de 210 ff. et bien écrit en ancienne bâtarde. Il est orné de 175 très-belles miniatures, dans la dimension régulière de 7 cent. et demi sur 6 cent. et demi, exécutées par un excellent artiste bourguignon. Quoique plusieurs feuillets soient arrachés et qu'un certain nombre de miniatures soient enlevées, ce manuscrit, à cause du nombre considérable de belles peintures qui restent, est un des plus remarquables que l'on ait vendus dans les derniers temps.

85. Cy est le Rommant de la Roze
    Ou tout lart damour est enclose
    Histoires et auctoritez
    Et maintz propos usitez.

On les vend à Paris, en la boutique de Galiot du Pre, 1531, in-fol. goth. à 2 col. fig sur bois, veau marbr.

Exemplaire rempli de témoins, mais légèrement mouillé.

86. Les Enseignemens Sainct Thomas. (A la fin :) Cy finent les Enseignemens Sainct-Thomas (*s. l. n. d.*, *vers* 1490), in-4 goth. 24 ff. fig. sur bois au verso du titre, veau marbr.

Exemplaire la Vallière, n° 544. Légèrement mouillé.

87. Sensuyt le Depart et Renōcemēt damours : lequel est moult utile et prouffitable pour jeunes gens qui se veulent garder de folle amour. *Nouvellement imprime a Paris par la vefue feu Jehan Trepperel, s. d.*, pet. in-4 goth. à 2 col. fig. en bois, mar. r. fil. tr. dor. (*Anc. rel.*)

Exemplaire la Vallière, n° 2891. Rogn à la lettre, comme M. Brunet l'indique.

88. Sensuyvent les Vigilles de la mort du feu roy Charles septiesme a neuf pseaulmes et neuf leçons contenans la cronique et les faitz aduenus durant la vie dudit feu roy, composees par maistre Marcial de Paris dit Dauuergne, procureur en parlement (*sans lieu ni date*). In-fol. goth. à 2 col. fig. sur bois, mar. r. fil. tr. dor. (*Anc. rel.*)

Exemplaire la Vallière, n° 2846, avec la signature de Ph. Desportes au titre. Quelques piqûres.

89. Les Arrests d'amours, avec l'Amant rendu Cordelier à l'observance d'amours, par Martial d'Auvergne dit de Paris. *Amsterdam, F. Changuion,* 1731, in-12, mar. r. fil. dos orné, tr. dor. (*Anc. rel.*)

90. Les OEuvres de Clément Marot. Le tout par luy corrigé et mieux ordonné que par cy-devant. *Imprimé à Paris par Anthoine Bonnemere, sur la coppie de Greffius de Lyon.* (A la fin :) *On les vend à Paris... en la bouticle de Vincent Sertenas,* s. d., pet. in-8, caractères ronds, figures sur bois, mar. bleu, fil. doublé de mar. r. tr. dor. (*Anc. rel.*)

Édition très-rare. Exemplaire la Vallière, n° 3027.

91. Les OEuvres de Clément Marot. *La Haye, Adr. Moetjens,* 1700, 2 vol. pet. in-12; veau f. (*Anc. rel.*)

Exemplaire très-frais. 134 millimètres.

92. L'Oraison de Mars aux dames de la court, ensemble la Responce des dames à Mars, par Claude Colet, Champenois. *Paris, Chr. Wechel,* 1544, in-4, réglé, cart.

Première édition. Ex. de la bibliothèque la Vallière, n° 3055, avec signature d'Estienne Baluze.

93. Le Compte du rossignol. *A Paris, en la boutique de Gilles Corrozet,* 1546, pet. in-8, 24 ff. caract. ital. veau marbr.

Ce petit volume est de Gilles Corrozet, ainsi que le prouve la demande faite au prevost de Paris *d'imprimer et de vendre ce petit traicté, par luy composé.* Exemplaire la Vallière, n° 3117.

94. OEuvres poétiques de Mellin de Saint-Gelais. *Lyon, Ant. de Harsy*, 1574, in-12, mar. r. fil. tr. dor. (*Anc. rel.*)

95. Le Premier Livre de vers de Marc–Claude de Buttet, Savoisien, auquel a été aiouté le second, ensemble l'Amalthée. *Paris, imprimerie de Michel Fezendat*, 1560, pet. in-8, mar. bleu, tr. dor. (*Anc. rel.*)

Aux armes de L.-C. Crémaux, marquis d'Entragues. Exemplaire la Vallière, n° 3177.

96. Les Premières OEuvres de Philippes Des Portes. *Paris, Mamert Patisson*, 1583, in-12, vél. tr. dor. (*Rel. de l'époque, richement dor.*)

Bel exemplaire.

97. Satyres et autres OEuvres de Regnier, accompagnées de remarques historiques (de Brossette); nouvelle édition, considérablement augmentée (par Lenglet du Fresnoy). *Londres, Tonson*, 1733, très-gr. in-4, fig. veau marbr.

Exemplaire en très-grand papier, dont cependant quelques cahiers sont sur papier ordinaire.

98. Les Satyres de M. du Lorens, président de Chasteau-Neuf. *Paris, A. de Sommaville*, 1646, pet. in-4. (*Non rel.*)

Exemplaire complet.

99. Le Vilebrequin de M° Adam, menuisier de Nevers. *Paris, Guill. de Luyne*, 1663, pet. in-12, veau f. (*Anc. rel.*)

100. Les OEuvres de feu M. de Bouillon, contenant l'Histoire de Joconde, le Mary commode, l'Oyseau de passage, la Mort de Daphnis, l'Amour desguisé, Portraits, Mascarades, Airs de cour, et plusieurs autres pièces galantes. *Paris, Ch. de Sercy*, 1663, pet. in-12, veau br.

Volume recherché à cause du poëme de Joconde.

101. La Madelaine au désert de la Sainte-Baume en Provence, poëme spirituel et chrétien, par le

P. Pierre de S. Louis. *Lyon, J.-B. et N. de Ville,* 1700, in-12, v. br.

Poëme d'une extrême bizarrerie et qui n'est pas sans mérite.

102. Contes et Nouvelles en vers par M. de la Fontaine. *Amsterdam, Brunel,* 1696, 2 vol. in-12, fig. à mi-pages par Rom. de Hooghe, bas. tr. dor.

Les quatre dernières gravures du tome II sont de la grandeur des pages; elles ornent les quatre contes du recueil de Maucroix et de la Fontaine.

103. Contes et Nouvelles en vers par M. de la Fontaine. *Amsterdam (Paris),* 1762, 2 vol. in-8, fig. mar. r. fil. tr. dor.

Édition des Fermiers-Généraux. Très-belles épreuves, avec les figures du Diable de Papefiguière et du Cas de conscience découvertes. Belle reliure ancienne.

104. Contes et Nouvelles en vers, par Jean de la Fontaine. *Paris, de l'imprimerie de Didot l'aîné,* 1795, 2 vol. in-18, pap. vél. mar. r. fil. tr. dor.

Belle et fraîche reliure.

105. Fables choisies mises en vers par Jean de la Fontaine. *Paris, Desaint et Saillant,* 1755-59, 4 tom. en 2 vol. in-fol. fig. d'Oudry, peau de truie, tr. dor. (*Derome.*)

Exemplaire en grand papier, dans une belle et fraîche reliure. Les reliures de cette époque en peau de truie sont fort rares.

106. OEuvres de Nicolas Boileau-Despréaux, avec des éclaircissements historiques donnés par lui-même, nouvelle édition, enrichie de figures gravées par Bernard Picart. *La Haye,* 1722, 4 vol. in-12, fig. veau jasp. fil.

Exemplaire précieux, aux armes de Marie-Antoinette et avec les chiffres C. T. (château de Trianon), surmontés d'une couronne royale, au dos.

107. OEuvres de M. Boileau-Despréaux, nouvelle édition, avec des éclaircissements historiques donnés par lui-même et rédigés par M. Brossette... avec des remarques et des dissertations critiques par M. de Saint Marc. *Paris, David et Durand,* 1747, 5 vol. in-8, fig. mar. r. dent. tr. dorée.

Belle et fraîche reliure de Derome.

108. OEuvres de Boileau-Despréaux, etc. *Paris*,
1747, 5 vol. in-8, fig. veau marbr.

109. OEuvres de l'abbé de Chaulieu, nouvelle édition, augmentée, par M. de Saint-Marc. *Amsterdam, et se vend à Paris*, 1750, 2 vol. in-12, mar.
r. fil. tr. dor. (*Anc. rel.*)

110. La Pucelle d'Orléans, poëme héroï-comique
(par Voltaire). *Londres*, 1767, pet. in-8, mar. citr.
fil. tr. dor. (*Anc. rel.*)

111. La Ligue, ou Henry le Grand, poëme épique,
par M. de Voltaire. *Genève, Jean Mokpap (Rouen,
Viret)*, 1723. — Mélanges de littérature, pour
servir de supplément à la dernière édition des
œuvres de M. de Voltaire. *S. l.*, 1768, 1 vol. in-8,
basane.

Première édition de la Henriade.

112. Anthologie françoise, ou chansons choisies
depuis le xiiie siècle jusqu'à présent (par Monet).
Paris, 1765, 4 vol. in-8, musique notée, front.
et portr. veau marbr.

Comprenant le volume de supplément, par Collé.

113. Choix de chansons, mises en musique par
M. de la Borde, ornées d'estampes par J.-M. Moreau. *Paris, de Lormel*, 1773, 4 part. en 2 vol.
gr. in-8, fig. de Moreau, le Barbier et le Bouteux,
veau marbr.

Belles épreuves.

114. Essai sur la musique ancienne et moderne (par
de la Borde et l'abbé Roussier). *Paris*, 1780,
4 vol. in-4, fig. et musique notée, veau f. fil.
(*Anc. rel.*)

Très-bel exemplaire. L'ouvrage contient également des chansons avec la
musique.

115. Odes, cantates, épîtres et poésies diverses de
J.-B. Rousseau, imprimées par ordre du roi pour
l'éducation de monseigneur le Dauphin. *Paris*,

Didot, 1790, gr. in-4, pap. vél. mar. r. fil. tr. dor. (*Anc. rel.*)

Tiré à 250 exemplaires.

116. Odes, cantates, épîtres et poésies de J.-B. Rousseau. *Paris, Didot, an VII*, 2 vol. in-12, pap. vélin, cuir de Russie, gaufr. dent. tranche dor. (*Simier.*)

117. OEuvres complètes de M. Bernard. *Londres* (*Cazin*), 1777, in-18, mar. r. fil. tr. dor. (*Belle reliure ancienne.*)

118. OEuvres complètes de M. le C. de B. (cardinal de Bernis). *Londres* (*Cazin*), 1777, 2 vol. in-18 mar. r. fil. tr. dor. (*Belle rel. ancienne.*)

119. OEuvres choisies de Piron. *Genève* (*Cazin*), 1777, 2 vol. in-18, mar. r. fil. tr. dor. (*Belle rel. ancienne.*)

120. Les Saisons, poëme (par Saint-Lambert). *Amsterdam* (*Paris*), 1777; in-18, front. gr. mar. r. fil. tr. dor. (*Anc. rel.*)

121. OEuvres de Gresset. *Londres, E. Kelmarneck* (*Cazin*), 1779, 2 vol. in-18, front. mar. r. fil. tr. dor. (*Belle rel. anc.*)

122. La Tentation de saint Antoine, ornée de figures et de musique. *Londres* (*Cazin*), 1782. — Pour le jour de Saint-Pierre. *Londres*, 1782. — Le Potpourri de Loth, orné de figures et de musique. *Londres*, 1782. — Etrennes aux amateurs de Vénus. *Paphos*, etc. (entièrement gravé). 1 vol. in-18, fig. mar. v. fil. tr. dor. (*Anc. rel.*)

123. La Guerre des Dieux anciens et modernes, poëme en dix chants, **par E. Parny**. *Paris, Didot, an VII*, in-12, mar. r. fil. tr. dor. (*Anc. rel.*)

Édition originale.

VIII. POÈTES ÉTRANGERS.

124. La Poetica di M. Giovan - Giorgio Trissino. *Vicenza, T. Janicolo*, 1529. — Dialogo del Trissino intitulato il Castellano, nel quale si tratta de la lingua italiana. *Vicenza*, 1529, 1 vol. in-fol. — La quinta e la sesta divisione della Poetica del Trissino. *Venetia, Arrivabene*, 1563, in-4. — La Sophonisba del Trissino. *Vicenza*, 1529, in-4. Ensemble 3 vol. mar. r. fil. tr. dor. (*Belle reliure ancienne.*)

Exemplaire la Vallière, n°s 2349 et 3756.

125. Il Dante, con commento di Christophoro Landino. *Impresso in Vinegia, per Petro Cremonese dito Veronese*, 1491, in-fol. caract. ronds, veau f. fil. tr. dor. (*Anc. rel.*)

Édition remarquable par les jolies gravures en bois qui la décorent et dont plusieurs fac-simile se voient dans les *Ædes Althorpianæ.*
Bel exemplaire la Vallière, n° 3565.

126. Il Petrarca, con l'espositione d'Alessandro Velutello, di novo ristampato, con le figure a i Triomphi et con più cose utili in varii luoghi aggiunte. *In Venetia, appresso Gabriel Giolito di Ferrari*, 1544, pet. in-4, grav. sur bois, mar. r. fil. tr. dor. (*Anc. rel.*)

Bel exemplaire en grand papier, avec l'*ex-libris* de Girardot de Préfonds, imprimé en or sur maroquin vert.

127. Il Petrarca. *Lione, Giovanni di Tournes*, 1547. — Tavola di tutte le rime de i sonnetti e canzoni del Petrarca. *Lyone, G. Rouillio*, 1564, 1 vol. in-16, mar. r. fil. tr. dor. (*Anc. rel.*)

Charmant exemplaire de Mac-Carthy. Sur le titre du premier ouvrage, une gravure sur bois en forme de cœur, avec les portraits de Pétrarque et de Laure.

128. Orlando furioso di M. Lodovico Ariosto, et cinque canti d'un nuovo libro del medesimo. *Vinegia, G. Giolito*, 1558, pet. in-8, fig. en bois, mar. r. fil. tr. dor. (*Anc. rel.*)

Exemplaire la Vallière, n° 3668.

129. La Gerusalemme conquistata del Sig. Torquato Tasso. *Parigi, Abel l'Angelier*, 1595, in-12, mar. r. fil. tr. dor. (*Anc. rel.*)

Bel exemplaire réglé, de la vente la Vallière, n° 3746.

130. La Gerusalemme liberata di Torquato Tasso, stampata d'ordine di Monsieur. *Parigi, Didot l'aîné*, 1784, 2 vol. gr. in-4, fig. de Cochin, demi-rel. non rog.

Tiré à 200 exemplaires.

131. Rime di Tomaso Stigliani. *Venetia, G. B. Ciotti*, 1605, pet. in-12, mar. bleu, fil. tr. dor. (*Belle rel. anc.*)

Édition non châtrée. Exemplaire la Vallière, n° 3347.

132. La Secchia rapita. Le Seau enlevé, poëme héroï-comique de Tassoni, nouvellement traduit d'italien en françois (par P. Perrault). *Paris, Guill. de Luyne et J.-B. Coignard*, 1678, 2 vol. in-12, mar. r. fil. tr. dor. (*Anc. rel.*)

Bel exemplaire la Vallière, n° 3749.

133. Bertoldo con Bertoldino e Cacasenno, in ottava rima, con argomenti, allegorie, annotazioni, e figure in rame. *Bologna, Lelio della Volpe*, 1736, gr. in-4, gravures par Lod. Mattioli (Jos. Mar. Crespi), mar. vert, fil. tr. dor. (*Anc. rel.*)

134. F. von Hagedorn sämmtliche poetische Werke. *Hamburg, Bohn*, 1757, pet. in-8, mar. r. fil. tr. dor.

Belle reliure, aux armes de Soubise.

135. OEuvres complètes de Gessner. *S. l. (Cazin)*, 1778, 3 vol. in-18, fig. de Marillier, mar. r. fil. tr. dor. (*Belle rel. anc.*)

136. Les Saisons, poëme, traduit de l'anglois de Thompson. *S. l. n. d.*, in-18, fig. avant la lettre, mar. r. fil. tr. dor. (*Anc. rel.*)

137. Paradise lost, a poem, the author John Milton. *London (Cazin)*, 1783, 3 vol. in-18, mar. r. fil. tr. dor. (*Belle rel. anc.*)

IX. THÉATRE.

138. Publ. Terentii Comœdiæ, collectæ ex diversis commentariis ex recensione Galliopii. *Argentinæ, Joan. Gruninger*, 1496, in-fol. car. ronds, fig. sur bois, veau f. fil. tr. dor. (*Anc. rel.*)

Édition très-recherchée à cause des nombreuses gravures dont elle est ornée. Exemplaire la Vallière, incomplet d'un feuillet, n° 2577.

139. Les Comédies de Térence, traduction nouvelle, avec le texte latin à côté et des notes, par l'abbé le Monnier. *Paris, Jombert*, 1771, 3 vol. in-8, fig. de Choffard, Saint-Aubin et Rousseau d'après Cochin, veau jasp. fil. (*Rel. anc.*)

140. M. Accii Plauti Comœdiæ superstites. *Amstelodami, Blaeu*, 1640, in-18, mar. vert, fil. tr. dor. (*Anc. rel.*)

141. Maistre Pierre Pathelin. (Le Testament Pathelin, à quatre personnages.) *Paris, s. d., avec la marque de Guill. Nyverd sur le dernier feuillet (vers* 1520), 2 part. en 1 vol. pet. in-8, goth. fig. sur bois, mar. r. fil. tr. dor. (*Anc. rel.*)

Exemplaire la Vallière (n° 3344) d'une édition fort rare. Un peu court de marges.

142. La Végeance et Destruction de Hierusalem par personnaiges, exécutée par Vespasien et son filz Titus ; contenāt en soy plusieurs cronicques et hystoires romaines, tant du règne de Neron empereur que de plusieurs aultres. *On les vend à Paris, par Alain Lotrian*, 1539, pet. in-4 goth. à 2 col. veau f. (*Anc. rel.*)

Mystère à 180 personnages, où, outre Dieu le Père, Jésus-Christ et des héros romains, il y a des interlocuteurs comme Teste sotte, le Baillif de Lyon, Cul esuente, Traine boyau, etc.

Exemplaire la Vallière, n° 3360, vendu 20 fr. 19 sols.

143. Le Théâtre de Jaques Grevin de Clermont en Beauuaisis, à tresillustre princesse madame Claude de France, duchesse de Lorraine. Ensemble la seconde partie de l'Olympe et de la Gelodacrye.

Paris, Vincent Sertenas et Guillaume Barbé, 1562, in-8, veau f. (*Rel. anc.*)

144. Tragédie de la chaste et vertueuse Susanne, où l'on veoit l'innocence vaincre la malice des juges. *Rouen, Abraham Cousturier*, 1614, pet. in-8, fig. sur bois au titre, mar. r. fil. tr. dor. (*Belle rel. anc.*)

Exemplaire du duc de la Vallière (n° 3409) d'une pièce des plus rares.

145. Les OEuvres de M. de Molière, reveues, corrigées et augmentées (par Varlet de la Grange et Vinot). *Paris, Thierry, Barbin et Trabouillet,* 1682, 8 vol. in-12, fig. v.

Bel exemplaire, mais dont la reliure n'est pas uniforme. Un nom gratté sur le titre de quelques volumes.

146. Les OEuvres de M. de Molière, avec figures en taille-douce. *La Haye, Husson,* 1735, 4 vol. pet. in-12, fig. mar. r. fil. tr. dor. (*Anc. rel.*)

Très-bel exemplaire la Vallière, n° 3435.

147. OEuvres de Racine, nouvelle édition, augmentée de diverses pièces et de remarques (et de la Vie de l'auteur). *Amsterdam, Bernard,* 1722, 2 vol. in-12, fig. mar. r. dent. tr. dor. (*Anc. rel.*)

A la fin de cette édition se trouvent deux lettres critiques à **M. de L.**, touchant les tragédies de Racine, et *Apollon charlatan*, satire attribuée à Barbier d'Aucourt.

148. Les Tragédies de Robert Garnier. *Rouen, de l'imprimerie de Robert de Rovves,* 1612, pet. in-12, veau f. fil. tr. dor. (*Anc. rel.*)

X. ROMANS. — CONTES.

149. Longi Pastoralium de Daphnide et Chloe libri quatuor, græce et latine (cura J. S. Bernard). *Lutetiæ Parisiorum (Amstelodami),* 1754, pet. in-4, fig. veau f. fil. tr. dor. (*Anc. rel.*)

Édition avec les gravures d'Audran et ornée de jolies vignettes d'après Eisen et Cochin.

150. Amours de Théagènes et Chariclée, histoire éthiopique (d'Héliodore). *Paris, Coustelier*, 1743, 2 vol. pet. in-8, fig. veau f. fil. tr. dor. (*Anc. rel.*)

151. Das Buch der Geschichte des grossen Alexanders, wie sie Eusebius beschrieben. (Roman d'Alexandre, trad. en allemand par J. Hartlieb.) *Strassburg, Mathisz Hupfuff*, 1518, in-fol. goth. à 2 col. nombreuses et curieuses gravures en bois, bas. gaufr.

Bel exemplaire.

152. Les Cẽt nouvelles contenant cent hystoires : ou nouveaulx cõptes plaisans a deuiser en toutes compaignies, par ioyeusete. *Nouuellemet, imprimes à Paris pár la veufue feu Jehan Trepperel et Jehan Jehannot, s. d.*, pet. in-4 goth. à 2 col. fig. sur bois, v. f. (*Anc. rel.*)

Exemplaire avec la signature de Guyon de Sardière, provenant de la vente la Vallière, n° 3941. Un coin du feuillet B ii est en manuscrit.

153. Les Fascetieux Devitz des cent novvelles novvelles, tres recreatives et fort exemplaires pour resueiller les bons espritz françoys, veuz et remis en leur naturel, par le seigneur de la Motte Roullant, Lyonnois. *Paris, Guill. le Bret*, 1549, pet. in-8, caract. ronds, v. f. (*Anc. rel.*)

Exemplaire la Vallière, piqué à la fin, n° 3943.

154. Les Cent Nouvelles nouvelles, avec d'excellentes figures en taille-douce, gravées sur les dessins de Romain de Hooge. *Cologne (Amsterdam). P. Gaillard*, 1701, 2 vol. pet. in-8, fig. v. f. (*Anc. rel.*)

Très-bel exemplaire, avec figures tirées dans le texte.

155. Contes et nouvelles de Marguerite de Valois, reine de Navarre. *Amsterdam, Gallet*, 1708, 2 vol. pet. in-8, *fig. à mi-page par Harrewyn*, v. br.

Très-bel exemplaire.

156. Figures de Freudenberg pour l'Heptameron de la reine de Navarre, 65 pièces de premier tirage avant les numéros sur grand papier du format in-4.

157. Les Serées de Guillaume Bouchet, sieur de Broncourt. *Lyon, Simon Rigaud,* 1615, 3 vol. in-8, veau.

158. Joannis Meursii Elegantiæ latini sermonis, seu Aloisia Sigæa Toletana de arcanis Amoris et Veneris, adjunctis fragmentis quibusdam eroticis. *Lugd. Batavorum, ex typis Elzevirianis (Parisiis, Barbou),* 1757, 2 part. en 1 vol. pet. in-8, front. gr. v, f. fil. tr. dor. (*Anc. rel.*)

159. Hippolytus redivivus, id est Remedium contemnendi sexum muliebrem, autore S. J. E. D. V. M. W. A. S. *S, l.,* 1644, in-18, 96 pages, mar. r. fil. tr. dor. (*Anc. rel.*)

Édition originale.

160. OEuvres de maître François Rabelais, avec des remarques historiques et critiques de M. le Duchat, nouvelle édition, ornée de figures de B. Picart. *Amsterdam, Bernard,* 1741, 3 vol. in-4, fig. v. marbr.

Très-bel exemplaire.

161. OEuvres de Rabelais, édition Variorum, augmentée de pièces inédites, des Songes drolatiques de Pantagruel, etc., avec un nouveau commentaire historique et philologique, par Esmangart et Eloi Johanneau. *Paris, Dalibon,* 1826-27, 9 vol. in-8 et 12 cah. de grav. br.

Exemplaire en papier vélin carré.

162. Apologie pour Hérodote, ou Traité de la conformité des merveilles anciennes avec les modernes, par H. Estienne, avec des remarques par M. le Duchat. *La Haye, Scheurleer,* 1735, 3 vol. pet. in-8, v. f. dos orné. (*Anc. rel.*)

163. Les Galanteries des rois de France. *Cologne, Pierre Marteau (Paris),* s. d. 3 vol. in-12, v. f. fil. (*Anc. rel.*)

Exemplaire avec triples épreuves des planches, tirées en bleu, rouge et noir.

164. Les Étrennes de la Saint-Jean (par le comte de Caylus). *Troyes, chez la veuve Oudot,* 1751, in-12, v. f. fil. tr. dor. (*Belle reliure ancienne.*)

165. Nicolai Klimii Iter subterraneum, etc. *Hafniæ,* 1749, pet. in-8, fig. mar. r. fil. tr. dor. (*Anc. rel.*)

Édition originale.

166. Voyage de Nicolas Klimius dans le monde souterrain, contenant une nouvelle théorie de la terre. Ouvrage tiré de la bibliothèque de M. Abelin, et trad. du latin par M. de Mauvillon. *Copenhague, J. Preuss,* 1741, pet. in-8, fig. mar. r. fil. tr. dor. (*Anc. rel.*)

Première édition française de cet ouvrage intéressant, dû au poëte danois Holberg.

167. Pèlerinage de Colombelle et Volontairette vers leur bien-aimé en Jérusalem, leurs aventures, empeschemens et fins. *Anvers, H. Aertsens,* 1636, pet. in-8, fig. mar. r. fil. tr. dor. (*Belle reliure ancienne.*)

Première édition, très-rare.

168. Les Aventures de Télémaque, fils d'Ulysse, par M. de Fénelon. Imprimé par ordre du roi pour l'éducation de Monseigneur le Dauphin. *Paris, Didot l'aîné,* 1783, 4 vol. in-18, pap. vélin, v. f. fil. tr. dor. (*Anc. rel.*)

169. Les Aventures de Télémaque, fils d'Ulysse, par M. de Fénelon. Imprimé par ordre du roi pour l'éducation de Monseigneur le Dauphin. *Paris, Didot l'aîné,* 1784, 2 vol. pet. in-8, pap. vél. v. éc. fil. tr. dor. (*Anc. rel.*)

170. Les Aventures de Télémaque, par Fénelon. *De l'imprimerie de Monsieur,* 1785, 2 vol. gr. in-4, pap. vél. mar. r. doublé de tabis, dent. tr. dor. (*Bradel-Derome.*)

Magnifique exemplaire, avec 24 dessins à la gouache.

171. Les Aventures de Télémaque, par Fénelon. *De l'imprimerie de Monsieur*, 1785, 2 vol. gr. in-4, v. jasp. fil. tr. dor.

Exemplaire avec la suite des gravures de Tilliard.

172. Ménagiana, ou les bons mots et remarques critiques, historiques, morales, etc., de Ménage (publ. par B. de la Monnoye). *Paris, Delaulne*, 1715, 4 vol. in-12, v. br.

Exemplaire avec les feuillets originaux et tous les cartons (il y en a même que M. Brunet n'indique pas) placés à la fin des volumes.
On a ajouté : Anti-Menagiana. *Paris*, 1693, 1 vol. in-12, v. br.

173. Les Six Nouvelles de M. de Florian. — Numa Pompilius. — Théâtre italien de Florian. *Paris, Didot*, 1784-86, 6 vol. in-18, fig. mar. r. fil. tr. dor. (*Belle reliure uniforme.*)

174. Il Decamerone di M. Giovanni Boccaccio. *Vinegia, Agostino Bindoni*, 1545, pet. in-8, caract. ital. fig. en bois, mar. vert. tr. dor. (*Anc. rel.*)

Texte de Delfino.

175. Il Decamerone di M. Giovanni Boccaccio. *Londra (Parigi)*, 1757, 5 vol. in-8, fig. mar. r. fil. tr. dor. (*Anc. rel.*)

176. I Capricci del Bottaio di Giovanbatista Gelli. *Firenze*, 1549, pet. in-8, mar. r. tr. bl. (*Anc. rel.*)

Exemplaire la Vallière, n° 3916.

177. El Ingenioso Hidalgo Don Quixote de la Mancha, por Miguel Cervantes de Saavedra. *Valencia, Mey*, 1605. — Segunda parte. *Valencia*, 1616. — Segundo tomo, compuesto por Alonso Fernandez de Avellaneda. *Tarragona, Phil. Roberto*, 1614. — Ensemble 3 vol. pet. in-8, parch.

Les deux volumes du Don Quixote de l'édition de Valence se trouvent rarement réunis. Le volume de la continuation d'Avellaneda est très-rare. L'exemplaire a une piqûre de vers dans la marge. On a ajouté la première partie du premier volume de Don Quixote, éd. de 1605, dans une belle reliure en maroq. bl. (*Aux armes de Machault.*)

178. Les Principales Aventures de l'admirable Don Quixote, représentées en figures par Coypel, Picart le Romain et autres habiles maîtres. *Liége, Bas-*

sompierre, 1776, in-4, fig. v. marbr. fil. tr. dor.
(*Anc. rel.*)

XI. PHILOLOGIE. — POLYGRAPHIE.

179. M. T. Ciceronis de Oratore opusculum, cum commentariis Omniboni Leonici, et alia Ciceronis opuscula (ex recensione Hier. Squarzafici). *Venetiis, per Bartholomæum Alexandrinum et Andream Asulanum,* 1485, in-fol. car. ronds, mar. r. fil. tr. dor. (*Anc. rel.*)

Exemplaire la Vallière, n° 2254. Recueil très-rare, amplement décrit par Hain, 5107.

180. C. Plinii Secundi epistolarum libri decem. *Londini, Ritchie et Samuelis,* 1790, pet. in-8, pap. vél. mar. vert, fil. tr. dor. (*Anc. rel.*)

181. Caii Plinii Secundi epistolarum libri decem, ex recensione Cortii et Longolii. *Glasguæ, Foulis,* 1751, 5 vol. in-12, mar. r. fil. tr. dor. (*Belle reliure ancienne.*)

182. Auli Gellii Noctes atticæ. *Amstelodami, Lud. Elzevirius,* 1651, pet. in-12, front. gr. mar. r. fil. tr. dor. (*Anc. rel.*)

Bel exemplaire, d'une hauteur de 130 millimètres.

183. Lettres choisies du sieur de Balzac. *Amsterdam, chez les Elzeviers,* 1656, pet. in-12, mar. bl. fil. tr. dor. (*Anc. rel.*)

Hauteur : 130 millimètres.

184. Les OEuvres de Don Francisco de Quevedo Villegas (trad. de l'espagnol par Valazet). *Rouen, Jacques Besongne,* 1647, pet. in-8, mar. r. fil. tr. dor. (*Anc. rel.*)

Belle et fraîche reliure.

185. OEuvres de M. de Tourreil. *Paris, Brunet,* 1726, 2 vol. in-4, portr. par Edelinck, mar. r. fil. tr. dor.

Magnifique exemplaire réglé AUX ARMES DU COMTE D'HOYM, avec l'aigle couronné sur le dos.

186. OEuvres complètes de Voltaire (avec des aver-
tissements et des notes par Condorcet). *De l'imprimerie de la Société littéraire et typographique,
à Kehl*, 1784-89, 70 vol. in-8, gr. pap. vél. fig.
v. marbr. fil. tr. dor.

XII. HISTOIRE. — BIOGRAPHIE, ETC.

187. Extrait ou recueil des isles nouuellement trou-
uees en la grand mer Oceane au temps du roy
Despaigne Fernād et Elisabeth sa femme, faict
premierement en latin par Pierre Martyr de Mil-
lan. Item trois narrations dont la première est de
Cuba. — La seconde qui est de la mer Oceane.—
La tierce qui est de la prinse de Temistitan. *Imprimé à Paris par Simon de Colines*, 1532, in-4,
vél.

Volume rare.

188. Discours sur l'histoire universelle, depuis le
commencement du monde jusqu'à l'empire de
Charlemagne, par J.-B. Bossuet. *Paris, Cramoisy*,
1681, in-4, v. marbr.

Bel exemplaire de l'édition originale.

189. Titi Livii historiarum quod extat, cum perpe-
tuis C. Sigonii et J.-F. Gronovii notis. *Amstelodami, apud Dan. Elzevirium*, 1678-79, 3 vol. in-8,
mar. r. fil. tr. dor. (*Anc. rel.*)

Exemplaire la Vallière, nº 4861.

190. C. Corneli Taciti quæ exstant Opera. Recensuit J.-N. Lallemand. *Parisiis, typis J. Barbou*,
1760, 3 vol. in-12, 3 front. grav. d'après Eisen,
mar. r. fil. tr. dor. (*Anc. rel.*)

191. Conciones et orationes, ex historicis latinis
excerptæ. *Lugduni Batavorum, ex officina Elzeviriana*, 1649, pet. in-12, mar. r. dent. tr. dor.
(*Rel. anc.*)

192. Histoire critique de l'établissement de la mo-
narchie françoise dans les Gaules, par l'abbé Du-

bos. *Paris,* 1734, 3 vol. in-4, cart. v. f. fil. tr. dor. (*Aux armes de Mirabeau.*)

193. Histoire de saint Louis, par Jehan sire de Joinville, les annales de son règne, par Guillaume de Nangis, sa vie et ses miracles, par le confesseur de la reine Marguerite, etc. *Paris, Impr. royale,* 1761, gr. in-fol. mar. r. fil. dos orné tr. dor. (*Anc. rel.*)

Exemplaire la Vallière, n° 5069, vendu 53 liv. 1 sol à sa vente.

194. Les Cronicques du feu roy Charles septiesme de ce nom .... contenant les faitz et gestes dudit seigneur..... Rédigées par feu maistre Alain Chartier. *Imprimé nouvellement à Paris pour Françoys Regnault,* 1528, in-fol. goth. à longues lignes, mar. r. fil. tr. dor. (*Belle reliure ancienne.*)

Édition originale de cette Chronique. L'exemplaire a quelques raccommodages.

195. Les Mémoires de Messire Philippe de Commines. *A Leide, chez les Elzeviers,* 1648, pet. in-12, mar. r. fil. tr. dor. (*Anc. rel.*)

196. Les Mémoires de Messire Philippe de Commines..., reveus et corrigez sur divers manuscrits et anciennes impressions, augmentez de plusieurs traictez, contracts, testaments, autres actes et diverses observations, par Denis Godefroy. *La Haye, Leers,* 1682, 2 vol. in-12, portr. mar. bleu, fil. tr. dor.

Bel exemplaire réglé, dans une charmante reliure ancienne.

197. La Procession faicte à Rome par Nostre Saïct Pere le Pape auec les pardons doñez par luy et Jubile a tous confes : veu les dãgiers et fortunes qui sõt aduenues et aduienẽt tous les iours a Rome, et doubtent quil ny aduiẽne encore de plus grandes la et ailleurs selon les dictz des astrologues, etc. (A la fin :) Faict à Rome le vii de novembre lan mil cinq cens trente. *S. l. n. d.* (1530), pet. in-8, goth. cart. n. rog.

Pièce de 4 feuillets, non citée.

198. Le Voyage et || expedition de Charles le Quint
em || pereur en Afrique côtre la || ville de Argiere.
|| La Description de l'armée et voyage de Lem-
pereur en Afrique contre la || ville de Argiere, en-
nuoyee a || môsieur de Langest, tra- || duicte de
latin en || françois. || *On les vend à Paris en la rue
Sainct Ja-* || *ques a l'enseigne des Troys Brochetz,*
par Be- || *noist de Gourmont.* || *Mil.D.xlii* (1542),
pet. in-8, goth. avec 3 grandes gravures sur bois,
non rel.

Édition non citée du célèbre ouvrage de Nicolas Durant, chevalier de Vil-
legaignon. Bel exemplaire.

199. La Côplaincte || des citoyens de || Milan, || en-
nuoyée a lempereur || . *On les vend à Paris en la*
rue Sainct Jac- || *ques a lenseigne des Troys Bro-*
chetz, par Be- || *noist de Gourmont.* || *Mil.D.xlii*
(1542), pet. in-8, goth. 8 ff. n. rel.

Pièce non citée.

200. Journal de Henri III, par P. de l'Estoile. *Paris,*
1744, 5 vol. — Journal du règne de Henri IV.
Amsterdam, Paris, 1741, 4 vol. — Ensemble
9 vol. pet. in-8, fig. v. marbr.

Bel exemplaire, uniformément relié.

201. Satyre Ménippée de la vertu du Catholicon
d'Espagne et de la tenue des États de Paris. Plus
le regret sur la mort de l'Asne ligueur d'une Da-
moiselle, qui mourut pendant le siége de Paris.
Ratisbonne, les héritiers de Mathias Keruer, 1726,
3 vol. pet. in-8, cart. n. rog.

202. Satyre Ménippée de la vertu du Catholicon
d'Espagne et de la tenue des Estats de Paris, augmentées de notes tirées des éditions de du Puy et
de le Duchat, par V. Verger, et d'un commentaire historique, littéraire et philologique, par
Ch. Nodier. *Paris, Delangle et Dalibon,* 1824-25,
2 vol. in-8, gr. pap. vél. cart. n. rog.

Exemplaire avec les figures sur chine.

203. La Fatalité de Saint-Cloud, près Paris (par Guyard). *S. l. (Paris)*, 1674, pet. in-8, mar. r. fil. tr. dor. (*Anc. rel.*)

Bel exemplaire la Vallière (n° 5148) d'une pièce fort rare.

204. Annales du règne de Marie-Thérèse, impératrice douairière, reine de Hongrie. dédiées à la reine (Marie-Antoinette), par M. Fromageot. *Paris, Prault*, 1775, in-8, fig. et portr. de Marie-Antoinette, mar. r. fil. tr. dor. (*Anc. rel. aux armes.*)

Exemplaire en grand papier de Hollande.

205. Anecdotes sur Mme la comtesse du Barry. *Londres*, 1775, in-12, mar. r. fil. tr. dor. (*Très-belle reliure ancienne.*)

206. Tableau de Paris (par Mercier). *Amsterdam*, 1783, 6 vol. — Tableau de Paris, ou explication des différentes figures gravées à l'eau-forte (par Duncker). *Yverdon*, 1787, 1 vol. fig. — Ensemble 7 vol. in-8, v. jasp.

Le volume d'estampes se trouve rarement réuni à l'ouvrage.

207. Memorie, overo diario del Card. Bentivogli. *Amsterdam, Giov. Janssonio*, 1648, pet. in-8, mar. vert, fil. tr. dor. (*Anc. rel.*)

208. La Devise des armes des chevaliers de la Table ronde, lesquels estoyent du tres-renommé et vertueux Arthus, roy de la Grand Bretaigne. *Lyon, B. Rigaud*, 1590, in-16, fig. sur bois, v. f. (*Aux armes du comte de Toulouse.*)

Déchirure au deuxième feuillet.

209. La Légende dorée (de J. de Voragine) en françoys. *Nouvellement imprimée et admendée et se vendent a Lyon sur le Rosne en la rue Merchiere en la maison de Estienne Gueynard. (A la fin :) A esté achevé de imprimer à Lyon, par Jehan de l'ingle*, 1512, in-fol. goth à 2 col. mar. bleu, fil. tr. dor. (*Anc. rel.*)

Cette édition, ornée de curieuses gravures sur bois, finit par la Vie de sainte Geneviève.

Exemplaire la Vallière (n° 4707). Quelques piqûres.

210. Les Vies des hommes illustres grecs et romains, comparées l'une avec l'autre, par Plutarque de Chéronée, translatées par J. Amyot. *Paris, Vascosan*, 1567, 6 vol. (A la fin du tome VI : les Vies de Hannibal et de Scipion, trad. par Ch. de l'Ecluse.) — Les OEuvres morales et meslées de Plutarque. *Paris, Vascosan*, 1574, 7 vol. — Décade, contenant les vies de dix empereurs romains, etc., mises en françois par Antoine Allegre. *Paris, Vascosan*, 1567, 1 vol. — Ensemble, 14 vol. pet. in-8 réglé, mar. r. fil. dos orné, tr. dor. (*Anc. rel.*)

Aux armes du duc de la Vallière. L'exemplaire, n°s 5575-77 de son catalogue, a été vendu 402 livres.

211. Le Plaisant Livre de noble homme Jehan Bocace, poëte florentin, auquel il traicte des faitz et gestes des illustres et cleres dames. *Imprime nouuellement à Paris, le quatriesme iour de mars. Lan mil cinq cens trente et huyt. On les vend à Paris, par Jehan Andre* (1538), pet. in-8, goth. v. f. doublé de tabis, dos orné. (*Anc. rel.*)

Bel exemplaire de Guyon de Sardière, provenant de la bibliothèque la Vallière, n° 5611.

212. La Vie de monseigneur sainct Hierosme. (A tresdevote et religieuse fille, Françoise de Tonnere, prieure du couvent reforme de Nostre Dame de Relay, au diocese de Tours... Loys Lasserre, prestre, chanoine et granger en leglise mons. sainct Martin de Tours.) *Imprimé à Paris, par M. Josse Badius, pour luy et Jehan Petit* (1529), in-4, car. ronds, vél.

213. La Gallerie des Femmes fortes, par le P. Pierre le Moyne. *Leyden, J. Elzevier*, 1660, pet. in-12, fig. mar. r. fil. tr. dor. (*Derome.*)

Très-bel exemplaire. Hauteur : 135 millimètres.

214. Les Hommes illustres qui ont paru en France pendant ce siècle, avec leurs portraits au naturel,

par M. Perrault. *Paris, A. Dezalier,* 1696-1700,
2 tomes en 1 vol. in-fol. portr. v. br.
Belles épreuves.

215. La Vie du cardinal Commendon, écrite en
latin par A.-M. Gratiani, et traduite en françois
par M. Fléchier. *Paris, G. du Puis,* 1702, 2 vol.
in-12, mar. r. fil. tr. dor. (*Anc. rel. aux armes.*)

216. Jugement de tout ce qui a été imprimé contre
le cardinal Mazarin, depuis le 6 janvier jusques
à la déclaration du premier avril 1649 (par Gabr.
Naudé). *Paris,* 1649, in-4, 718 pages, v. f. (*Aux
armes du comte d'Hoym.*)

217. The bibliographical Decameron, or ten days
pleasant discourse upon illuminated manuscripts,
and subjects connected with early engravings,
typography and bibliography, by Th. Frognall Dibdin. *London, Bulmer and C°,* 1817, 3 vol. gr. in-8,
fig. mar. r. tr. dor. (*Aux armes.*)

Exemplaire précieux, avec gravures choisies, don de l'auteur. On y a
ajouté au premier volume, à la page xcii, 3 gravures color. La gravure de la
page ciii est en quatre états différents. A la page 259 on a ajouté une gravure en bois sur chine, dont on n'a tiré que quelques exemplaires. Au troi-
sième volume se trouvent ajoutés les portraits de Dibdin, de lord Spencer
et de Leigh, en épreuves d'artistes.

FIN DE LA PREMIÈRE PARTIE.